申怡 编著

句句经典

U0314436

化学工业出版社

·北京·

内容简介

　　《句透经典》精选近现代中外经典名著中的365条名句，精心分为"这就是人生、回眸见空灵、唯爱跨永恒、家是你我他、俯仰皆感叹、闲情慰平生、人性照现实、走在天地间、凝望渐深邃、乾坤终如是、不过一念间、真情藏不住"12个主题，在一本书中浓缩人生经典、启迪人生智慧。每句另有申怡老师的音频讲解（1～3分钟）（部分免费，微信扫描二维码获取），为各位读者提供声文并茂的生动体验。

　　《句透经典》可供中小学生、家长以及文学爱好者使用。

图书在版编目（CIP）数据

句透经典/申怡编著. —北京：化学工业出版社，2023.12

（365名师讲堂）

ISBN 978-7-122-44276-5

Ⅰ.①句… Ⅱ.①申… Ⅲ.①名句-汇编-世界 Ⅳ.①H033

中国国家版本馆CIP数据核字〔2023〕第191142号

责任编辑：丁建华　　　　　　　　　　装帧设计：小徐书装
责任校对：杜杏然

出版发行：化学工业出版社（北京市东城区青年湖南街13号　邮政编码：100011）
印　　装：北京盛通印刷股份有限公司
787mm×1092mm　1/32　印张12　字数150千字　2024年1月北京第1版第1次印刷

购书咨询：010-64518888　　　　　　　售后服务：010-64518899
网　　址：http://www.cip.com.cn
凡购买本书，如有缺损质量问题，本社销售中心负责调换。

定　　价：98.00元

JANUARY **1** 月

这就是人生

1

January

1月

所有的"现在"都是为了模糊不定的"明天会更好"，
而"现在"本身失去了意义，悬而未决，好似空中楼阁。

——傅真《斑马》

2

January

1月

生而为人，终难免苦弱无助，你便是多么英勇无敌，多么厚学博闻，多么风流倜傥，世界还是要以其巨大的神秘置你于无知无能的地位。

——史铁生《病隙碎笔》

虽然你只有十八岁，但必须有十分成熟的心力、心性，你才可能是最好的主角。

——陈彦《主角》

JANUARY

1月

一个不成熟男子的标志是他愿意为某种事业英勇地死去，一个成熟男子的标志是他愿意为某种事业卑贱地活着。

——[美]杰罗姆·大卫·塞林格

《麦田里的守望者》

忠厚老实人的恶毒，
像饭里的砂砾或者出骨鱼片里未净的刺，
会给人一种不期待的伤痛。

——钱钟书《围城》

6

January

1月

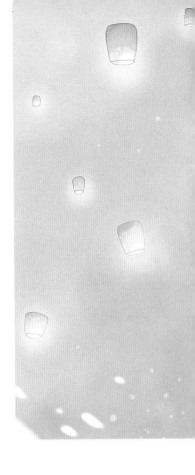

我们之所以对自己所缺乏的东西感到不满足，全都是因为我们对自己所拥有的东西缺乏感恩之心。

——［英］丹尼尔·笛福《鲁滨孙漂流记》

7

January

1月

漫长寒凉的光阴里，总得找些珍贵的东西来驱寒。谁说过一句话：人活在世上，无非坚持罢了。

——刘梅花《草木禅心》

8

January

1月

　　倾听每一个人的意见，可是只对极少数人发表你的意见。接受每一个人的批评，可是要保留你自己的判断。

　　　　　　　　——[英]威廉·莎士比亚《哈姆雷特》

是你教会了我生命的温柔。我亲爱的葡仔……因为没有温柔的生命并不美好。

——[巴西]若泽·毛罗·德瓦斯康塞洛斯
《我亲爱的甜橙树》

9

January
1月

10

January

1月

如果生命是一场唯有最适者才能生存的竞争，那么力量便是最高的美德，柔弱便是唯一的缺陷。能够存活下来的便是善，是胜者；退却的便是恶，是败者。

——[美]威尔·杜兰特《哲学的故事》

11

JANUARY
1月

一个人只要败得漂亮，走得洒脱，那么败又何妨，走又何妨。

——古龙《霸王枪》

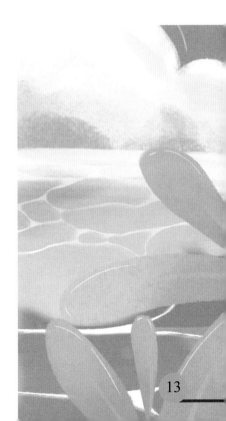

12

January

1月

无论在工作还是娱乐中，也无论在尘世还是修道院，一个人都无法找到安宁，安宁只存在于人的灵魂中。

——［英］威廉·萨默塞特·毛姆《面纱》

13

13

January

1月

　　人到极其无可奈何的时候，往往会生出比悲号更为沉痛的滑稽感。

——汪曾祺《人间草木》

14

January

1月

　　我们的一生，这样短暂，却充满了风雨、冰雹、雷电，经历了哀伤、凄楚、挣扎，看到了那么多的卑鄙、无耻和丑恶，这是一场无可奈何的人生大梦，它的觉醒，常常在瞑目临终之时。

——孙犁《时常有风吹过我心头》

15

JANUARY
1月

假若人生犹如一条长街，我就不愿意错过这街上的每一处细小的风景。假若人生不过是长街上的一个短梦，我愿意把这短梦做得生意盎然。

——铁凝《长街短梦》

16
January
1月

　　坚强一点，坚韧一点，厚皮一点，强壮一点，凶暴一点。你永远不知道，在生活中，你会遇到什么。

——陈丹燕《偶遇》

17

January

1月

　　每个人都想争取一个完满的人生。然而，自古及今，海内海外，一个百分之百完满的人生是没有的。所以我说，不完满才是人生。

——季羡林《季羡林谈人生》

18

JANUARY

1月

人生难道还有什么事，会比寻找答案更令人感到振奋？

——［美］艾萨克·阿西莫夫

《银河帝国4：基地前奏》

19

JANUARY

1月

人本过客来无处，休说故里在何方。随遇而安无不可，人间到处有花香。

——林语堂《京华烟云》

20

January

1月

我们大多数人骨子里头都有一种刚愎任性的意气，尤其是在少不更事和坠入爱河之时。

——［美］路易莎·梅·奥尔科特《小妇人》

21

January

1月

　　每一次跌倒，都是大地接住了她。最终，在某个无人知晓的瞬间，心里的疼痛像水渗入沙子一般消退了。痛还在，只是埋藏在很深的地方。

　　——［美］迪莉娅·欧文斯《蝲蛄吟唱的地方》

22

January

1月

　　人类有99%的决定，包括关于配偶、事业和住处的重要抉择，都是由各种进化而成的算法来处理，我们把这些算法称为感觉、情感和欲望。

　　　　　　——[以]尤瓦尔·赫拉利《未来简史》

23

JANUARY
1月

她一生都是这么一个拧巴着的人：一辈子都在追求独立，却一辈子打心底渴望有个依附。

——毕啸南《生而为人》

24

JANUARY

1月

真有才能的人总是善良的、坦白的、爽直的，决不矜持；他们的讥讽只是一种精神游戏，并不针对别人的自尊心。

——[法]奥诺雷·德·巴尔扎克

《幻天》

25

25
January
1月

　　年纪越长，越觉得孤独是正常的，独立出生，独立去死。人和人，无法相通，人间的善恶情态，已经不值一笑，人生是一次荒凉的旅行。

——金宇澄《繁花》

生活总是这样，不能叫人处处都满意，但我们还要热情地活下去。

——路遥《人生》

我们的一切遭遇，或者说世上发生的任何事，都是由管理宇宙的自然法则所掌控。

———[美]温斯顿·葛鲁姆《阿甘正传》

27

January

1月

依靠动物觅食般的本能，她来到一个偏远的小城，求学、落户、嫁人，开始建立自己的生活。但生活的基调并未改变，她穷尽半生所追求的，依然仅仅是能够活下去。

——杨本芬《秋园》

28
January
1月

29

JANUARY

1月

　　信仰就是相信人生中有一种东西，它比一己的生命重要得多，甚至是人生中最重要的东西，值得为之活着，必要时也值得为之献身。

——周国平《灵魂只能独行》

30

January

1月

　　人生本来就是向死而生，没有例外。人生似乎没有意义，谁不是在努力赋予它一点意义？就在这点意义上，见出了每个人人生价值的高低。

——伊北《熟年》

31

January

1月

人生一世，总有些片段当时看着
无关紧要，而事实上却牵动了大局。

——[英]威廉·萨克雷《名利场》

February **2** 月

回眸见空灵

February
2月

　　时间好比一把锋利的小刀，若用得不恰当，会在美丽的面孔上刻下深深的纹路，使旺盛的青春月复一月、年复一年地消磨掉，但是，使用恰当的话，它却能将一块普通的石头琢刻成宏伟的雕像。

——张爱玲《张看》

2

February

2月

死亡并非凄惨，并非一片空茫。死亡也是诗，是生命化入永恒的延续。

——冯骥才《花巷》

3

February
2月

春天，到底还是来了。某一个季节会姗姗来迟，却从没有哪一个季节能蓄意不至。

——梁晓声《人世间》

February
2月

活到这个年龄了，想起过去许多糟心事，当时桩桩件件，都觉得事情挺大，挺不过去了，现在想想，都是扯淡。

——刘震云《一日三秋》

5

February
2月

　　说句丧气的话，青春啊，有的时候真像个冷笑话，要事隔多年才知道，当时的笑点在哪儿。

——鲍鲸鲸《等风来》

给时间做个漏真是对得没法再对，时间真是不漏也漏，转眼间不走也要走。

——王安忆《长恨歌》

7

February
2月

我曾经以为日子是过不完的，未来是完全不一样的。现在，我就待在我自己的未来，我没有发现自己有什么真正的变化，我的梦想还像小时候一样遥远，唯一不同的是我已经不打算实现它了。

——王朔《知道分子》

8

February

2月

无论多么深的悲哀和痛苦，日久也会淡忘的，『忘记』，本就是人类所以能生存的本能之一。

——古龙《楚留香传奇·画眉鸟》

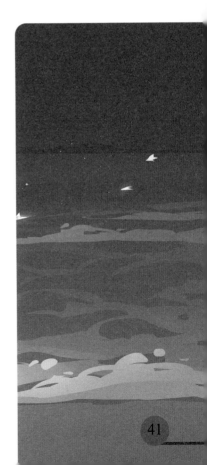

41

9

February

2月

后来我才知道，生活就是个缓慢受锤的过程，人一天天老下去，奢望也一天天消失，最后变得像挨了锤的牛一样。可是我过二十一岁生日时没有预见到这一点。我觉得自己会永远生猛下去，什么也锤不了我。

——王小波《黄金时代》

February
2月

所有的人，乃至整个人类，就如同河里的水滴一样，流淌不定，一滴滴彼此接近，却又相距遥远，汇成一股无名的巨流奔向大海。既然一切转瞬即逝，任何事物都无关宏旨，人们竟还要荒唐地看中那些微不足道的事情，让自己也让别人遭受不幸，这实在太可悲了。

——［英］威廉·萨默塞特·毛姆《面纱》

11

February

2月

大凡一件事在性子头上，千万莫顶，凉了自然解开。
顶，费时费神，凉了以后的开解，双方想起都会好笑。
——黄永玉《无愁河的浪荡汉子·朱雀城》

12

February

2月

时间,是会磨损的,会出现缝隙,很多事情,重要的、不重要的,因此纷纷掉落其中,无从寻找。

——朱天心《想我眷村的兄弟们》

13

February

2月

不管饕餮的时间怎样吞噬着一切，我们要在这一息尚存的时候，努力博取我们的声誉，使时间的镰刀不能伤害我们。

——［英］威廉·莎士比亚《爱的徒劳》

14
February
2月

时间也是一条河，一条流在人们记忆里的河，一条生命的河。似乎是涓涓细流，悄然无声，花花亮眼。
——古华《芙蓉镇》

15

February
2月

孩子必须有一个秘密世界，那里住着世间不存在的东西。她得相信这个秘密世界，这很重要。

——［美］贝蒂·史密斯

《布鲁克林有棵树》

16
February
2月

我们所经历过的美好事物，其实都被卷存典藏着，
一旦打开了，就从记忆中遥不可知的角落飘回来。
——林清玄《自心清净，能断烦恼》

在时光中，一个称呼，就是一个人的生命状态。当一个人的生命状态发生变化时，对他的称呼也随之而发生变化。

——李佩甫《生命册》

18
February
2月

岁月的流失固然是无可奈何，而人的逐渐蜕变，却又脱不出时光的力量。

——三毛《雨季不再来》

19

February

2月

"苦恼一旦过去,就不会留下痕迹吗?"

"一旦过去,有时还会令人怀念呢。"

——[日]川端康成《千只鹤》

少年的悲哀，毕竟是易消的春雪。

——郁达夫《春风沉醉的晚上》

20
February
2月

那些因为缘分而来的东西，终有缘尽而别的时候。

——三毛《我的宝贝》

21
February
2月

22

February
2月

今天能做的事，决不要留到明天。拖延乃光阴之窃贼，要抓住他！

——[英]查尔斯·狄更斯《大卫·科波菲尔》

23

February
2月

万事万物，你若预测它的未来，你就会说它有无数种可能，可你若回过头去看它的以往，你就会知道其实只有一条命定的路。

——史铁生《一种谜语的几种简单的猜法》

24
February
2月

水和时间自能开辟出新的河流。

——徐则臣《北上》

25

February
2月

患难的日子，好像灰烬里的火星，不能给你以任何温暖了，也不会再点燃其他的柴草，但是仍然不能舍弃。因为它曾经的燃烧。

——毕淑敏《女心理师》

26

February

2月

　　四月最残忍，从死了的土地滋生丁香，混杂着回忆和欲望，让春雨挑动着呆钝的根。

——［英］托马斯·艾略特《荒原》

27

February
2月

当一座时钟的指针并为一线，当一根别针落入狭缝，当一些事情偶然发生的时候，一扇大门就会开启，小小的罅隙就会出现，透过这罅隙，便是对另外一个宇宙的惊鸿一瞥。

——[美]尼尔·斯蒂芬森《失落的星阵》

除夕这一天，才近黄昏，天色已经沉暗下来，各家的灯火，都提早亮了起来，好像在把这一刻残剩的岁月加紧催走，预备去迎接另一个新年似的。

——白先勇《台北人》

MARCH **3** 月

唯爱跨永恒

1
March
3月

如果你因错过太阳而哭泣，那么你也会错过群星了。

——[印]泰戈尔《飞鸟集》

2

March

3月

　　我要你知道，这世界上有一个人是永远等着你的，不管是什么时候，不管在什么地方，反正你知道，总有这么个人。

——张爱玲《半生缘》

一个人偏把我救活了又不理我，撇得我枯死，慢慢地渴死。

——曹禺《雷雨》

不过初恋那种玩意儿就像出天花一样，出过一次，一辈子再也不会发了。

————白先勇《纽约客》

March

3月

5
March
3月

为你，千千万万遍。

——［美］卡勒德·胡赛尼《追风筝的人》

如果爱一个人，那就爱整个的他，实事求是地照他本来的面目去爱他，而不是脱离实际希望他这样那样的。

——［俄］列夫·托尔斯泰《安娜·卡列尼娜》

6

March

3月

无论他，还是她，都无法说清这种相互依赖究竟是建立在爱情的基础上，还是习惯使然。他们从不曾为此问过自己，因为两人都宁愿不知道答案。

——[哥]加夫列尔·加西亚·马尔克斯《霍乱时期的爱情》

March

3月

这就是爱的滋味吧？脸上瘦，手上烫，心中渺茫，希望做好梦而梦中常是哭泣与乱七八糟。

——老舍《离婚》

March
3月

要是那帆船驶到石灰山崖的灯塔了，她还不转过来，我就回去。

——［美］伊迪丝·华顿《纯真年代》

10

March

3月

　　她团转了多久的身心，是在这孩童的两句话里安宁下来；怎样的痛苦，怎样的吐丝，怎样的自缚，而终究也只是生命蜕变的过程，它是借此羽化为蛾，再去续传生命。

——萧丽红《千江有水千江月》

11

March

3月

凡是幸福无法治愈的，任何药物也都无法治愈。

——［哥］加夫列尔·加西亚·马尔克斯《爱情和其他魔鬼》

12
March
3月

即使其他一切都毁灭了，独有他留下来，我依然还是我。假使其他一切都留下来，独有他给毁灭了，那整个宇宙就变成了一个巨大的陌生人，我再不像是它的一部分了。

——［英］艾米莉·勃朗特《呼啸山庄》

13

March

3月

他们俩呢，只是很愿意在一处谈谈坐坐，都到岁数了，心里不是没有（对方）。只是像一片薄薄的云，飘过来，飘过去，下不成雨。

——汪曾祺《大淖记事》

14

March

3月

在这爱里她找不到自己。她的孤独不是一个人的孤独，是根本没有人的孤独。

——林奕含《房思琪的初恋乐园》

15
March
3月

明天，我要想个办法重新得到他。

毕竟，明天又是另外一天了。

——［美］玛格丽特·米切尔《飘》

16
March
3月

情人的眼光，是没有定准的，爱情浓厚的时候，情人就无处不美。爱情淡薄的时候，美人就无处不平常。

——张恨水《金粉世家》

你以为我贫穷、相貌平平就没有感情吗？我向你发誓，如果上帝赋予我财富和美貌，我会让你无法离开我，就像我现在无法离开你一样。虽然上帝没有这么做，可我们在精神上依然是平等的，就如你我走过坟墓，平等地站在上帝面前。

——［英］夏洛蒂·勃朗特《简·爱》

18

March

3月

他们沉默地站了很久，彼此拥抱着。最后她抬起头面向他，严肃地注视着他的眼睛。"现在你得加倍爱我。"她要求道。于是欧维对她撒了谎，说他会的。尽管他心里很清楚，他已经不可能比现在更爱她了。

——〔瑞典〕弗雷德里克·巴克曼

《一个叫欧维的男人决定去死》

19
March
3月

我想要的我总能找到，可等我找到时，就再也不想要了。

——[美] 富蒙德·钱德勒

《漫长的告别》

20
March
3月

我从黛溪的栈房窗口可以看到对河的高山，高得看不到顶——一把很尖的黑剑一直刺上去。天没流一滴血就死了。峡里一下子黑了。

——聂华苓《桑青与桃红》

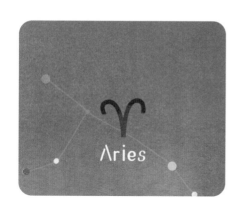

21
March
3月

斯人若彩虹，遇上方知有。

——［美］文德琳·范·德拉安南《怦然心动》

22

March

3月

　　人生至福，就是确信有人爱你，有人为你的现状而爱你，说得更准确些，有人不问你如何就爱你。

　　　　　　　——[法]维克多·雨果《悲惨世界》

23

March

3月

晚上，我下决心要享受日出，到了早晨却起不来床；白天，我希望能欣赏月色，天黑了又待在房中出不去。我闹不明白，我干吗起身，干吗就寝。

——[德] 约翰·歌德《少年维特之烦恼》

24

March

3月

你我相逢在黑夜的海上，
你有你的，我有我的，方向。
你记得也好，
最好你忘掉，
在这交会时互放的光亮！

——徐志摩《徐志摩诗全集》

25
March
3月

没有弄清楚对方的底细，绝不能掏出你的心来。
　　　　——［法］奥诺雷·德·巴尔扎克《高老头》

26

March

3月

　　生为冰山，就该淡淡地爱海流、爱风，并且在偶然接触时，全心全意地爱另一块冰山。

　　　　　　　　　　　　——王小波《似水柔情》

27

March

3月

遭受苦难的人在承受痛楚的当时并不能觉察到其剧烈的程度，反倒是过后延绵的折磨最能使其撕心裂肺。

——［美］纳撒尼尔·霍桑《红字》

28

March

3月

卑鄙与伟大、恶毒与善良、仇恨与热爱，是可以互不排斥地并存在同一颗心里的。

——〔英〕威廉·萨默塞特·毛姆《月亮与六便士》

29
March
3月

比起外界的力量，我们人是多么小，多么小！可是我们偏要说："我永远和你在一起；我们一生一世都别离开。"——好像我们自己做得了主似的！

——张爱玲《倾城之恋》

30
March
3月

　　人永远都无法知道自己该要什么，因为人只能活一次，既不能拿它跟前世相比，也不能在来生加以修正。
　　——［捷］米兰·昆德拉《不能承受的生命之轻》

31
March
3月

仇恨的最大弊端是仇恨的蔓延，压迫
的最大遗患是压迫的复制。

——史铁生《病隙碎笔》

April **4**月

家是你我他

1

April

4月

　　人之间的关系不一定从陌生进展为熟识，从熟识向陌生，同样是正常进展。

——严歌苓《穗子》

April

4月

幸福的家庭都是相似的，不幸的家庭各有各的不幸。

——［俄］列夫·托尔斯泰《安娜·卡列尼娜》

3

April

4月

原以为，所谓家乡，只是一种方言，一种声音，一种态度，是你躲不开、扔不掉的一种牵扯，或者说是背在身上的沉重负担。可是，当我越走越远，当岁月开始长毛的时候，我才发现，那一望无际的黄土地，是唯一能托住我的东西。

——李佩甫《生命册》

4

April

4月

　　我在家中住了两个多月，母亲很高兴。从此以后，我十年不归家，那是母亲和我都没有料到的。

——胡适《四十自述》

5
April
4月

人能四处走走，遇见形形色色的人、事、物，总比闷在家里要好。别老是借口夏天热、冬天冷，多到外面看看去。或许会遇上许许多多新的、旧的回忆。

——〔日〕岛田洋七《佐贺的超级阿嬷》

6

April

4月

人的一生其实是不断地失去自己所爱的人的过程，而且是永远地失去。这是每个人必经的最大的伤痛。

——张洁《世界上最疼我的那个人去了》

7

April

4月

　　有时生活会告诉你，"如果你认为一个人活得很好，只能说明你跟他不熟"。

——蔡磊《相信》

她后知后觉，这时才明白一个身边大部分人自童年起就懂的道理——即便没有什么了不起的成就，也可以心安理得地生活。

——[加]爱丽丝·门罗《传家之物》

April

4月

9

April

4月

外婆走了十年，以为会陪我许久的妈妈，刻下也正在分秒转身。恍惚间她们松手，长长的百年的大街上，四顾仅余我一人。

——洪爱珠《老派少女购物路线》

10

April

4月

怨恨是块冰，遇暖就融化。

———[俄]马克西姆·高尔基《童年》

11
April
4月

现在我们三个失散了。往者不可留，逝者不可追。剩下的这个我，再也找不到他们了。我只能把我们一同生活的岁月，重温一遍，和他们再聚聚。

——杨绛《我们仨》

12

April

4月

    细心照顾，耐心陪伴，慧心观察，这是读懂孩子的前提。

——李玫瑾《心理抚养》

13
April
4月

夏天过去，秋天过去，冬天又来了，骆驼队又来了，但是童年却一去不还。

——林海音《城南旧事》

14
April
4月

世界上最可怕的事情，莫过于有眼睛却发现不了美，有耳朵却不会欣赏音乐，有心灵却无法理解什么是真。

——［日］黑柳彻子《窗边的小豆豆》

15

April

4月

　　人相互一有隔阂，对方便无做得对的地方；同做一件事，本来是为对方考虑，对方也把你想成了另有想法。

——刘震云《一句顶一万句》

16
April
4月

生命到底是什么啊？我们出生，我们活上一阵子，我们死去。一只蜘蛛，一生只忙着捕捉和吃苍蝇是毫无意义的。通过帮助你，也许可以提升一点我生命的价值。谁都知道人活着该做一点有意义的事情。

——[美]E.B. 怀特《夏洛的网》

有一天，总有那么一天，你们仍旧会乖乖地飞回到咱们自己这个老窝里来。

——白先勇《孽子》

17

April

4月

如果不能阻止悲伤之鸟飞过你的头顶，至少可以不让它们在你的头上筑巢。

——［美］莎伦·克里奇《走过两个月亮》

18
April
4月

19

April

4月

当失去生命中重要的人时，那就找个人来取代他吧。因为总是沉浸在失去的悲伤中，你就看不到幸福，那样你的人生将会错过很多美好。

——［美］苏西·霍普金斯，［美］哈莉·贝特曼
《我离开之后》

20
April
4月

父母和孩子总是要耗费很多年才能真正认识对方。

——[法]马克·李维《那些我们没谈过的事》

21

April

4月

就算没有血缘关系，也没关系的。一起生活，就会处出感情来，也会越来越相似。夫妻不也是这回事吗？父子的话不是更加如此吗？

——［日］是枝裕和，［日］佐野晶《如父如子》

22

April

4月

生命中的一个人离去，便是自己魂灵的底部被掰掉一块。灵魂没有肉身，看不到具体的鲜血淋漓，但伤口是在的。

——蔡崇达《命运》

孩子，可怕的敌人不一定是面目狰狞的，和颜悦色、一腔热爱的友情，有时也会耽误你许许多多宝贵的光阴。

——傅雷《傅雷家书》

23
April
4月

24

April
4月

我所理解的成熟，就是要有自知之明。

——［美］库尔特·冯内古特《猫的摇篮》

25

April

4月

祖父永远是苍老的，今年的苍老，不过是重复着去年的苍老。

——苏童《黄雀记》

26
April
4月

幸福这东西，一点不符合牛顿的惯性定律，总是在滑行得最流畅的时候戛然而止。

——笛安《告别天堂》

27

April

4月

　　他很早就学会，当某些不寻常的事情发生时，等待比询问会让他得到更多信息。

　　　　——[美]奥森·斯科特·卡德《安德的游戏》

生活中的痛苦，我们彼此给予又彼此治愈，感谢我们自己，千辛万苦，春短秋长，那么认真地，生活着。

——未夕《乔家的儿女》

28

April

4月

幸福感这种东西，会沉在悲哀的河底，隐隐发光，仿佛砂金一般。

——［日］太宰治《斜阳》

29
April
4月

30

April

4月

不要以为世界上的人都在关心你的事。你是不是以为人人都在盯着你？其实，各人有各人的烦心事，没人管你这档事儿。

——莫言《蛙》

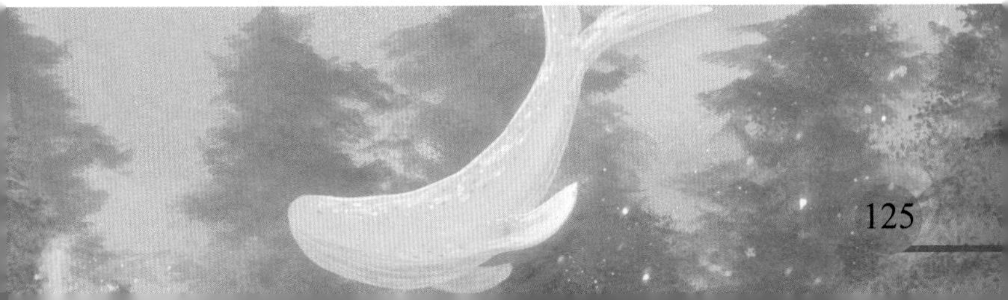

MAY **5** 月

俯仰皆感叹

1
May
5月

这是最好的时代，也是最坏的时代。

——[英]查尔斯·狄更斯《双城记》

2
May
5月

什么时候放弃我们的偏见，都不会为时太晚。任何一种思维方式或者行事的方式，不管多么古老，如果得不到证明都不能信任。

——[美]亨利·戴维·梭罗《瓦尔登湖》

3
May
5月

假使每个人只为他自己的信念去打仗，就没有战争了。

——［俄］列夫·托尔斯泰《战争与和平》

4

May

5月

天亮之前有一个时候是非常暗的，星也没有，月亮也没有。

——茅盾《子夜》

May

5月

　　这里的大地一路延展向浩渺的天穹，颇有股与天庭抗衡的架势。

　　　　　　　——[丹]凯伦·布里克森《走出非洲》

6

May

5月

沉默有时候就是抵抗。

——老舍《四世同堂》

历史在此时就像是一张白纸，被不断地擦干净并写上新内容。

——［英］乔治·奥威尔《1984》

May

5月

　　我们所有人在观察他人的时候，总是更多地注目其幸福的一面，而对其正在经历的种种痛苦却会视而不见——好像别人永远是幸运的、被生活厚待的，而我们自己却往往是生不逢时的、正在忍受极大的困苦和不公。

——张炜《你在高原》

贫困像一座熔炉，伟大的天才人物应当
纯洁无瑕地从熔炉里出来，就像钻石经
受任何锤击而不破裂一样。

——[法]奥诺雷·德·巴尔扎克

《人间喜剧》

10
May
5月

生命中只会有寥寥几个这样珍贵的片刻。你撞上了一桩什么物事，足以改变你和这个世界的相处方式。就在那个瞬间，你永远告别了懵然的旧时光。你感觉到前所未有的饱满，然而也感觉到一些些的失落。

——马世芳《地下乡愁蓝调》

137

11
May
5月

在一个本不讲道理的宇宙中不得不时时刻刻地讲道理当然是非常累人的。

——[美]库尔特·冯内古特《冠军早餐》

12

May

5月

一般居民的悲剧在于他们虽然在道义上谴责、在理智上反对、在感情上深恶痛绝当时的达官贵人，而在事实上却跟踪着达官贵人的脚步，不自觉地，一天天地堕入无法自拔的泥坑中去。

——徐兴业《金瓯缺》

13

May

5月

枪出现后，最先倒霉的并不是非洲的土著，而是穿着铠甲的欧洲骑士。

——李不白《透过地理看历史：大航海时代》

140

14

May

5 月

给岁月以文明，而不是给文明以岁月。

——刘慈欣《三体》

15
May
5月

我想，人天生就喜欢躲藏，渴望消失，这是一点都不奇怪的事；何况，在我们来到这个世界之前，我们不就是躲得好好的，好到连我们自己都想不起来曾经藏身何处？

——袁哲生《寂寞的游戏》

16
May
5月

最伟大的牺牲是忍辱,最伟大的忍辱是预备反抗。

——老舍《骆驼祥子》

17
May
5月

18

May

5月

生活中真正的勇士向来默默无闻，喧哗不止的永远是自视高贵的一群。

——路遥《平凡的世界》

145

19
May
5月

　　不管男人对男人，还是男人对女人，首先是相互信任，也就是信得过对方；第二步是相互理解，就是体谅对方；这最高处，就是相互欣赏，也就是你看着我好，我看着你好。

——陈杰《大染坊》

20
May
5月

在变迁中，习惯是适应的阻碍，经验等于顽固和落伍。顽固和落伍并非只是口头上的讥笑，而是生存机会上的威胁。

——费孝通《乡土中国》

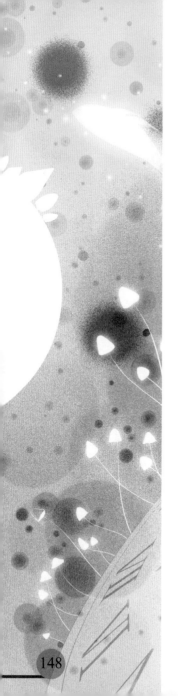

21
May
5月

唯静默，生言语；唯黑暗，成光明；唯死亡，得再生；鹰扬虚空，灿兮明兮。

——[美]厄休拉·勒古恩

《地海传奇》

148

22

May

5月

天命星象从来不会垂怜弱者，它永远都只是强者的光环。

——孙皓晖《大秦帝国》

所有的杰出人物，你仔细想想就知道，都是快快活活的。快快活活的情绪要好得多，而且这也是一种吉兆。仿佛你还活着的时候就得到了永生。

——[美]海明威《丧钟为谁而鸣》

24
May
5月

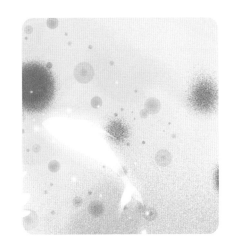

　　神不贪，为何容不得一点儿对其不敬？神不恶，为何要将地上千万生灵命运，握于手中？

　　　　　　　　　——今何在《悟空传》

25
May
5月

　　人们可以冒犯人为的法则，但不能抵抗
自然的法则。

　　　　——[法]儒勒·凡尔纳《海底两万里》

一个念头搁久了，往上添加了种种想象，那就非实现不可了，即便明知幻想有破灭的可能。

——陈春成《夜晚的潜水艇》

　　在不同的环境下，人的感情又怎样变幻无常啊！我们今天所爱的，往往是我们明天所恨的；我们今天所追求的，往往是我们明天所逃避的；我们今天所希冀的，往往是我们明天所害怕的，甚至会吓得胆战心惊。

　　——［英］丹尼尔·笛福《鲁滨孙漂流记》

27
May
5月

毁灭一个文明就如在路边折下一朵野花。

——何马《藏地密码》

28
May
5月

29
May
5月

世界上有这样一些幸福的人，他们把自己的痛苦化作他人的幸福，他们挥泪埋葬了自己在尘世间的希望，它却变成了种子，长出鲜花和香膏，为孤苦伶仃的苦命人医治创伤。

——［美］哈里特·比彻·斯托《汤姆叔叔的小屋》

30
May
5月

一般人很难体会，一个人胆小或是害臊到了无计可施的地步，就会用天不怕地不怕，或是破罐破摔——说是厚颜无耻也无不可——来掩盖这种无计可施的局面。

——张洁《无字》

他不知道那个梦已经丢在他背后了，丢在这个城市那边那一片无垠的混沌之中不知什么地方了，那里合众国的黑黝黝的田野在夜色中向前伸展。

——[美]弗朗西斯·司各特·菲茨杰拉德

《了不起的盖茨比》

JUNE **6** 月

闲情慰平生

1

June

6月

一朵花，长在树上，才有它的美丽，拿到人的手里就算完了。

——老舍《四世同堂》

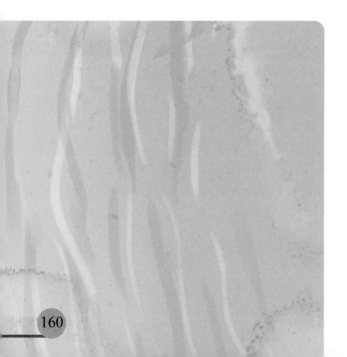

2
JUNE
6月

浪漫就是浪费时间慢慢喝茶。当你浪费时间慢慢散步，浪费时间慢慢吃饭，就会自然生长出浪漫。

——林清玄《不如吃茶去》

3

June

6月

我发现要逃避现实是很容易的事。只要你跑到山顶的草原上晒太阳，听的是呼呼的风声，看的是有如翠带般的山岚，然后你就会以为自己也是花草山峰中的一分子。

——［英］吉米·哈利《万物有灵且美》

JUNE

6月

十岁的这场比赛我很得意，不是因为我胜了，而是因为整个比赛过程中，我摇橹的节奏始终没乱。在别人看来可能很慢，但我知道每一橹的力道都饱满绵长，就像一步一个脚印在走路，有种生根般的扎实和安稳。我其实很快。慢，也可能是快。

——徐则臣《北上》

5

JUNE

6月

怀疑是一种顽强的植物。当它被下在两人之间的土地上，即便只是一颗种子，迟早也会抽芽长大，终于扭曲一切，排挤开所有本来健康的花草，使之枯萎。

——梁文道《我执》

June

6月

草原冻得黑黑的，天也黑得冷，没一个星星不哆嗦。
就不看星星，省得心里冷。

——阿城《遍地风流》

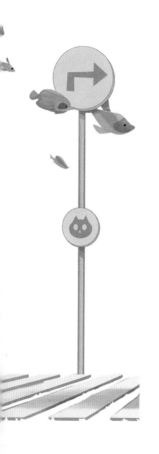

7

June

6月

因为你要做一朵花，才会觉得
春天离开你；如果你是春天，
就没有离开，就永远有花。

——顾城《顾城哲思录》

June
6月

我以前一直认为，人等于是一棵树，以后晓得，其实，人只是一张树叶子，到了秋天，就落下来了。

——金宇澄《繁花》

这地里的花草就像人一样，哪里的花草就是哪里的花草。哪里的人就是哪里的人，想变也变不了。人和花草都是当地的水土养育的。

——铁凝《笨花》

9

JUNE

6月

10
June
6月

我所谓的"寂寞"，是随缘偶得，无须强求，一刹那间的妙悟也不嫌短，失掉了也不必怅惘。

——梁实秋《世界喧嚣，我很好》

11

JUNE

6月

生活不是你活过的样子，
而是你记住的样子。
——麦家《人生海海》

170

人生是一场梦吗？不，梦醒之后还可以忘却，人生可以忘却吗？人生是一部书吗？不，书成之后还可以删改，人生可以删改吗？人生从来没有蓝图，度过了人生，才完成了人生。

——霍达《穆斯林的葬礼》

13

JUNE
6月

一个人学会了缅怀，必然意味着某一种东西走到了尽头。

——毕飞宇《青衣》

14

June

6月

当你做某件事的时候，一旦想要求快，就表示你再也不关心它，而想要做别的事。所以我想慢慢来。

——[美]罗伯特·M.波西格《禅与摩托车维修艺术》

15

June

6月

　　我不大知道什么是英雄；不过，你看，我想，英雄也只是做了他能做的事。平常人却连他能做的事都没有做。

　　　　　——［法］罗曼·罗兰《约翰·克利斯朵夫》

16

June

6月

唯一知道水源的，只有那些奔跑在沙漠间的鹅喉羚与野马，但它们不能开口说出一句话来。它们因为深藏着水的气息而生有晶莹深邃的眼睛。

——李娟《我的阿勒泰》

远的东西，常使我们感到神秘。近的东西，常让我们觉得平淡。但关键是能否有所发现。无论远近、高低、大小、上下，倘能有所发现，都能给我们带来收获，带来快乐。

——刘心武《钟鼓楼》

17

June

6月

18

June

6月

这是黄昏的太阳，我们却把它当成了黎明的曙光。

——[法]维克多·雨果《巴黎圣母院》

那颗星悬挂在空中，我站在这里，任何人、任何东西都无法抢占那颗星的位置。我心里也有一颗星，世界上的任何力量都无法将它夺走。

——〔韩〕李沧东《鹿川有许多粪》

19

June

6月

冬天再冷也还等得来春天，若是心里冷了下来，一生也温暖不了。

——刘醒龙《天行者》

20
June
6月

21

June

6月

不管为了什么，违心地活着都很累。

——冯骥才《楼顶上的歌手》

180

22
June
6月

　　暮风掠过麦浪，远方山巅盖住落日，田边小道听得见蛙鸣。

——张嘉佳《云边有个小卖部》

23

June
6月

　　苏格拉底也说："我只知道一件事，就是我一无所知。"

　　　　　　　　　　——［挪威］乔斯坦·贾德《苏菲的世界》

24

JUNE

6月

我是雨和雪的老熟人了，我有九十岁了。雨雪看老了我，我也把它们给看老了。

——迟子建《额尔古纳河右岸》

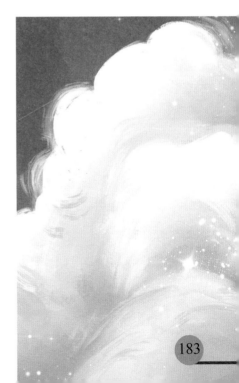

25

JUNE

6月

　　脑袋虽小，却包含无限思想；眼睛虽小，却可以看得高远。

　　　　　　——[法]亚历山大·小仲马《茶花女》

26

June

6月

年轻和衰老的标志，一个是对远方翘首以盼，一个是对故土念念不忘。

——朱成玉《人间有所寄·年轻的四滴眼泪》

27

June

6月

每一只船总要有个码头，每一只雀儿得有个巢。

——沈从文《边城》

28

June

6月

现在我担心会失掉阅读的时光，在此之前，我从没喜欢过阅读，就像人呼吸并不是因为喜欢，这是一个道理。

——[美] 哈珀·李《杀死一只知更鸟》

大地的另一面是梦中的世界；我们则在那个世界的梦中。

——陈春成《夜晚的潜水艇》

30

JUNE
6月

穷人恋爱，富人是常常笑话的。穷人也会学着富人笑话穷人么？

——萧红《生死场：萧红小说精选集》

July **7**月

人性照现实

1

July

7月

没有任何事情会照你预计的那样发生。

——［英］肯·福莱特

《圣殿春秋》

2

July
7月

生活不能等待别人来安排，要自己去争取和奋斗，而不论其结果是喜是悲，可以慰藉的是，你总不枉在这世界上活了一场。

——路遥《平凡的世界》

3
July
7月

　　为了自己，我必须饶恕你。一个人，不能永远在胸中养着一条毒蛇；不能夜夜起身，在灵魂的园子里栽种荆棘。

　　　　　　　　——［英］奥斯卡·王尔德《自深深处》

July

7月

人生从来不像意想中那么好，也不像意想中那么坏。

———［法］居伊·德·莫泊桑《一生》

5

July

7月

孤独久了，会觉得人变得干瘪，渴望到这些地方出没一下，吸一下「人」的气息，但真待在人群里，又想要尽早逃开。似乎很快乐，其实不快乐，又不能说自己不快乐。

——张天翼《如雪如山》

July
7月

人与人之间，最可痛心的事莫过于在你认为理应
获得善意和友谊的地方，却遭受了烦扰和损害。
　　　　　　——［法］弗朗索瓦·拉伯雷《巨人传》

7
July
7月

人性的确如此，既轻信又爱怀疑，说它软弱它又很顽固，自己打不定主意，为别人做事却又很有决断。

———[英]威廉·萨克雷《名利场》

8

July

7月

譬如人的面孔，虽不过是鼻子眼睛，可是一千个人，就一千个样子。所以爱情的局面，也是一千个人一千个样子。

——张恨水《啼笑因缘》

9
July
7月

　　每当你想批评别人的时候，要记住，这世上并不
是所有人，都有你拥有的那些优势。

　　　　　　　——［美］弗朗西斯·司各特·菲茨杰拉德

　　　　　　　　　　　　　　《了不起的盖茨比》

（人的心灵）极其需要欢乐，所以当他没有欢乐时，他就得自己制造欢乐。

——[法]罗曼·罗兰《名人传》

11

July

7月

在社会里，依赖人和掠夺人的，才会遵守所谓风俗习惯；至于依自己的能力而生活的人们，心目中并不很看重这些。

——许地山《春桃》

12

July

7月

我想普天下最糟的事，莫过于怀着满腔心事与秘密，却非无人可诉，而是没有人听得懂。

——［美］斯蒂芬·金《肖申克的救赎》

13

July

7月

我从来没有对某件事真正悔恨过。我总是为将要来到的事，为今天或明天的事忙忙碌碌，操心劳神。

——［法］阿尔贝·加缪《局外人》

一般人为了生活，皱着眉头，耐着性儿，使着力气，流着血汗，偶尔能得笑一笑，乐一乐，正是精神上的一服补剂。

——叶圣陶《倪焕之》

14
July
7月

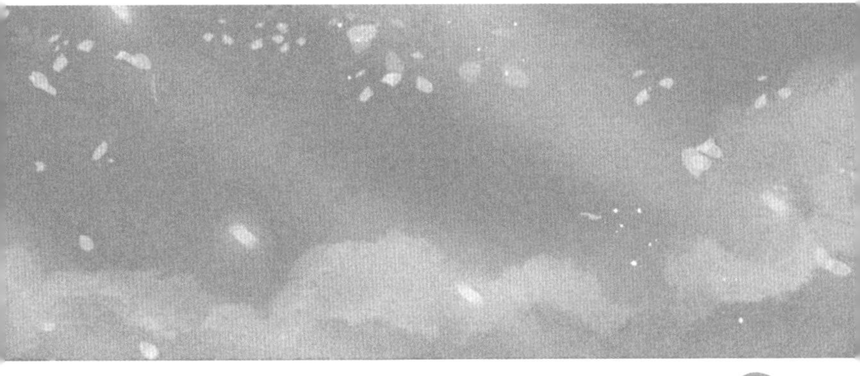

15

July

7月

　　我想说，我常常高估也常常低估人类，唯独很少正确地估量他们。我想问她，人类怎么可以如此丑陋又如此美好，他们的文字为何可以毁灭一切，又可以璀璨夺目？

——［澳］马库斯·苏萨克《偷书贼》

机会、勇气、动机合而为一的时刻不多，它们的合一只能有赖于人的不成熟。

——严歌苓《陆犯焉识》

17
July
7月

一个不会控制自己的人，在今后的人生中，会不断被各种焦虑所困扰。

——[英]亚历克斯·麦克利兹《沉默的病人》

人类的悲欢并不相通，我只觉得他们吵闹。

——鲁迅《而已集·小杂感》

18

July

7月

19

July

7月

其实任何人，在经历时，都不会知道自己正在经历一生中最幸福的时刻。

——［土］奥尔罕·帕慕克《纯真博物馆》

20

July

7月

世人大多想象力贫乏，只要事情和他们没有直接关联，不像尖锥似的猛刺进他们的肌肤，他们绝对无动于衷；可是若在他们眼前出了点事，哪怕只是小事一桩，直接触动他们的感觉，他们便情绪激动，激烈得异乎寻常。

——[奥]斯蒂芬·茨威格

《一个女人一生中的二十四小时》

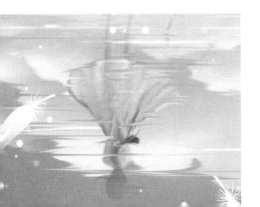

21

July

7月

人就是这样，一旦有了信仰，他就有决心与毅力去浪费时光。

——毕飞宇《推拿》

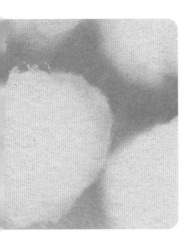

July
7月

人啊，不得不等待的时候会生气，可为了显示自己比对方更优越，有时又会故意让别人等。

————[日]冈岛二人《克莱因壶》

23

July

7月

人们躺下来，取下他们白天里戴的面具，结算这一天的总账。

——巴金《家》

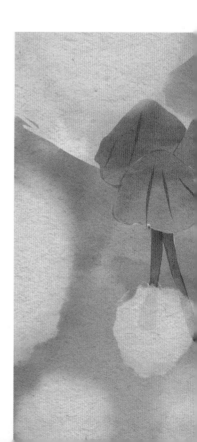

24

July

7月

一个人，特别想成为一个什么，但始终没成为一个什么，那么这个什么也就成了他一辈子都魂牵梦绕的什么。

——莫言《晚熟的人》

25
July
7月

人的气质就像是古董的包浆，说不清道不明，但一眼看过去就能感觉得到。

——马伯庸《古董局中局》

我们最可怕的敌人不是怀才不遇，而是我们的踌躇、犹豫。将自己定位为某一种人，于是，自己便成了那种人。

——［美］海伦·凯勒

《假如给我三天光明》

27
July
7月

在童话中，一个人做他想做的事；在现实中，一个人做他能做的事。

——[意]埃莱娜·费兰特《那不勒斯四部曲》

28

July

7月

一个人彻悟的程度，恰等于他所受痛苦的深度。

——林语堂《吾国与吾民》

29
July
7月

众所周知，人们总是控告他们所不了解的事物。
——[英]阿瑟·柯南·道尔《福尔摩斯探案集》

30
July
7月

只有那些疯狂到以为自己能够改变世界的人，才能真正改变世界。

——［美］沃尔特·艾萨克森《史蒂夫·乔布斯传》

221

31
July
7月

我们的心是一座宝库，一下子倒空了，就会破产。一个人把情感统统拿了出来，就像把钱统统花光了一样得不到人家原谅。

——[法]奥诺雷·德·巴尔扎克《高老头》

August **8** 月

走在天地间

1

August

8月

一个人可以被毁灭，但永远不可以被打败。

——［美］欧内斯特·海明威《老人与海》

只要你是天鹅蛋，就是生在养鸡场也没什么关系。

——［丹］汉斯·克里斯汀·安徒生

《丑小鸭》

2
August
8月

3
August
8月

我喜欢活着，我有时会痛苦难耐，会绝望无比，会饱受忧愁的折磨。可是当一切过去之后，我仍然能很清楚地认识到，好好活着就是最了不起的事情。

——[英]阿加莎·克里斯蒂

《阿加莎·克里斯蒂自传》

August

8月

贫寒之中自有一种强劲的生命力。

——[日]川端康成
《雪国》

5
August
8月

他知道他的作品有些地方要给人笑。可是有什么相干？一个人怕闹笑话，就写不出伟大的东西。想求深刻，必须有胆子把体统、礼貌、怕羞和压迫心灵的社会的谎言统统丢开。

——[法]罗曼·罗兰《约翰·克利斯朵夫》

"活着"在我们中国的语言里充满了力量，它的力量不是来自于喊叫，也不是来自于进攻，而是忍受，去忍受生命赋予我们的责任，去忍受现实给予我们的幸福和苦难、无聊和平庸。

——余华《活着》

6
August
8月

我尽量让自己想到未来，这样，我就能像踏上桥梁似的越过令人心寒的深渊。

——［法］马塞尔·普鲁斯特

《追忆似水年华》

7

August

8月

教育意味着获得不同的视角，理解不同的人、经历和历史。接受教育，但不要让你的教育僵化成傲慢。教育应该是思想的拓展，同理心的深化，视野的开阔。教育不应该使你的偏见变得更顽固。如果人们受过教育，他们应该变得不那么确定，而不是更确定。

——［美］塔拉·韦斯特弗《你当像鸟飞往你的山》

8
August
8月

231

当一个人的心中充满黑暗，罪恶便在那里滋长起来。有罪的并不是犯罪的人，而是那制造黑暗的人。

——［法］维克多·雨果《悲惨世界》

9
August
8月

10
August
8月

勇敢就是，在你还没开始的时候就知道自己注定会输，但依然义无反顾地去做，并且不管发生什么都坚持到底。

——[美]哈珀·李《杀死一只知更鸟》

人的命就像这琴弦，拉紧了才能弹好，弹好了就够了。

——史铁生《命若琴弦》

谄媚从来不会出自伟大的心灵，而是小人的伎俩，他们卑躬屈膝，把自己尽量地缩小，以便钻进他们趋附的人物的生活核心。

——[法]奥诺雷·德·巴尔扎克《欧也妮·葛朗台》

13

August

8月

越孤单，越无亲无友，越无人依靠，我越是要尊重自己。

——［英］夏洛蒂·勃朗特《简·爱》

14

August

8月

　　正如树叶的枯荣，人类的世代也如此。秋风将树叶吹落到地上，春天来临，林中又会萌发，长出新的绿叶，人类也是一代出生，一代凋零。

　　——［古希腊］荷马《荷马史诗·伊利亚特》

15
August
8月

如果你想走到高处，就要使用自己的两条腿，不要让别人把你抬到高处，不要坐在别人的背上和头上。

——［德］弗里德里希·威廉·尼采

《查拉图斯特拉如是说》

16

August

8月

　　科学突破的感觉很奇妙，没有突然而至的大发现，只是朝着一个目标有条不紊地前进。

——［美］安迪·威尔《挽救计划》

17

August

8月

你的胜利是你咬死我，我的胜利就是让你的企图一次次落空。只要你的进攻是无效的，我就是伟大而战无不胜的。

——杨志军《藏獒》

18

August

8月

　　人一辈子，会认识很多朋友。一出生就可以认识饥饿、认识占有，然后八九岁你会开始认识忧伤、认识烦恼……十几岁你会开始认识欲望、认识爱情，然后有的人开始认识责任、认识眷念、认识别离、认识痛苦……你要记得，它们都是很值得认识、很值得尊重的朋友。

——蔡崇达《命运》

19
August
8月

没有目标地前进，总胜过有目标却停留在原地，更远胜没有目标又裹足不前。

————［波］安杰伊·萨普科夫斯基《猎魔人》

20

August

8月

将无法实现之事付诸实践正是非凡意志的真正标志。

——［奥］斯蒂芬·茨威格
《人类群星闪耀时》

如果你不能顺着直道正路做到不平凡，可千万别为了要不平凡而去走邪门歪道。

——［英］查尔斯·狄更斯《远大前程》

21
August
8月

22
August
8月

　　有绝活的，吃荤，亮堂，站在大街中央；没能耐的，吃素，发蔫，靠边待着。

——冯骥才《俗世奇人》

　　恐惧是生命唯一真正的对手，只有恐惧能够打败生命。

　　　　　——[加]扬·马特尔《少年派的奇幻漂流》

生活嘛，就是由各种各样的烦恼事穿成的念珠，而达观者总是笑着数这串念珠。

——［法］亚历山大·仲马（大仲马）

《三个火枪手》

25
August
8月

活着就要拼搏，不能让悲惨的命运把我们拖入泥淖。

——[西班牙]玛丽亚·杜埃尼亚斯

《时间的针脚》

我们从来不去试图成为非常聪明的人，而是持续地试图别变成蠢货，久而久之，我们这种人便能获得非常大的优势。

——[美] 彼得·考夫曼

《穷查理宝典：查理·芒格智慧箴言录》

道德本来就不是教导我们如何使自己幸福，而是教导我们如何使自己无愧于幸福。

——罗翔《法治的细节》

27
August
8月

28
August
8月

　　世界上只有一种英雄主义，那就是按世界的本来面目去看待它，并且爱它。

——[法]罗曼·罗兰《名人传》

29
August
8月

一个人只要有意志力，就能超越他的环境。

——[美]杰克·伦敦《马丁·伊登》

30

August

8月

只有行动是唯一属于你，且仅属于你一个人的，这是你成为你自己的方式。

——［英］凯特·柯克帕特里克

《成为波伏瓦》

31

August

8月

我们总以为一旦离开走惯的道路，一切就都完了。其实美好的新东西才刚刚开始呢。有生活，就有幸福，来日方长。

——［俄］列夫·托尔斯泰《战争与和平》

September **9**月

凝望渐深邃

亡了国的人既没有地方安置身体，也没有地方安置自己的心。

——老舍《四世同堂》

1

September

9月

2
September
9月

生存还是毁灭，这是一个值得思考的问题。

——[英]威廉·莎士比亚《哈姆雷特》

3

September
9月

恻隐之心是整个人类存在最主要的法则，可能也
是唯一的法则。

——［俄］费奥多尔·陀思妥耶夫斯基《白痴》

September
9月

我们这个民族，长期以来，生于忧患，已经很"皮实"了，对于任何猝然而来的灾难，都用一种"儒道互补"的精神对待之。这种"儒道互补"的真髓，即"不在乎"。这种"不在乎"精神，是永远征不服的。

——汪曾祺《在西南联大》

5
September
9月

世事犹如书籍，一页页被翻过去。人要向前看，少翻历史旧账。

——莫言《生死疲劳》

不论是好是坏，可以得到原谅还是不可以得到原谅，反正是无法挽回了。

——［英］查尔斯·狄更斯《远大前程》

6
September
9月

7

September

9月

　　所有的儿戏你不能去生生地斩断，本来儿戏自生自灭，你一斩，它疼了，它反而至死不渝了。

——严歌苓《小姨多鹤》

往事依稀浑似梦，都随风雨到心头。

——巴金《家》

9
September
9月

谁想看清尘世就应同它保持必要的距离。

——[意]伊塔洛·卡尔维诺《树上的男爵》

一个思想家的"思想"一定要与现实的社会变动相配合，要主观客观"里应外合"才能产生"新思想"。

——［美］唐德刚《胡适杂忆》

他们的缺点散布在他们工作的成绩里面，就像灰尘散布在美好的空气中，你嗅得出来，但抓不住，这正是难办的地方。

——王蒙《组织部来了个年轻人》

11

September

9月

12
September
9月

我徒然学会了抗拒热闹，却还来不及透悟真正的冷清。

——张大春《四喜忧国》

抱负的落实需要机遇，没有机遇，任何伟大的抱负只能是"等闲白了少年头，空悲切"。

——张洁《无字》

13

September

9月

世界杀害最善良的人，最温和的人，最勇敢的人，不偏不倚，一律看待。倘若你不是这三类人，你迟早当然也得一死，不过世界并不特别着急要你的命。

——［美］欧内斯特·海明威《永别了武器》

14
September
9月

15
September
9月

每个人都想有尊严地生活。对不同的人来说，尊严是不同的。

——〔瑞典〕弗雷德里克·巴克曼

《一个叫欧维的男人决定去死》

难道大圣人和皇帝一定是对的吗？碰到什么（事），自己应该想想，到底对是不对。

——金庸《射雕英雄传》

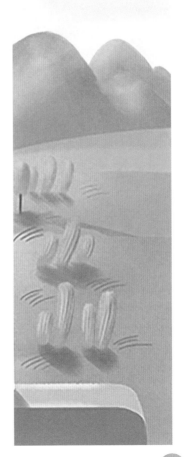

17

September

9月

悲伤就是悲伤，并不孕育出思想。

——高尔泰《寻找家园》

18

September

9月

任何一个傻瓜在任何时候都能结束自己！这是最怯弱也是最容易的出路。

——[俄]尼古拉·奥斯特洛夫斯基
《钢铁是怎样炼成的》

19
September
9月

一个人也许没有被爱的运气，但不代表他没有爱别人的能力。

——马伯庸《大医·日出篇》

20

September

9月

我有时觉得和你很熟，你的一举一动，我都能说出缘由。有时又觉得你完全是个陌生人，猜不透，简直猜不透。

——宗璞《野葫芦引》

21

September

9月

无穷的远方，无数的人们，都和我有关。

——鲁迅《且介亭杂文末编·这也是生活》

22
September
9月

面对这个世界，没什么可说的，不如就一声长啸吧。

——刘勃《世说俗谈》

火车没给小镇带来什么灾难……镇上使用起煤油灯、洋胰子。人得算定了几点几分赶火车。要说人对火车还有多大的不快意，那该是只兴人等它，不兴它等人。

——朱西甯《铁浆》

23
September
9月

他在外面过了一辈子，又回到他生于斯长于斯的地点，他曾在这里做一个沉默的观察者。

——[爱尔兰] 詹姆斯·乔伊斯《尤利西斯》

September
9月

就是以一个傻子的眼光来看，这个世界也不是完美无缺的。这个世界上任何东西都是这样，你不要它，它就好好地在那里，保持着它的完整，它的纯粹，一旦到了手中，你就会发现，自己没有全部得到。

——阿来《尘埃落定》

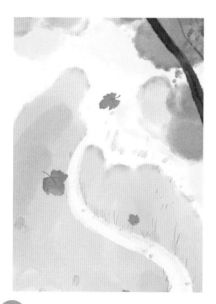

26
September
9月

所谓大学者，非谓有大楼之谓也，有大师之谓也。

——岳南《南渡北归》

27

September

9月

　　从哲学的观点上看来，劳碌和智慧似乎是根本相左的。智慧的人绝不劳碌，过于劳碌的人绝不是智慧的，善于优游岁月的人才是真正有智慧的。

——林语堂《生活的艺术》

历史无暇记住一个人的苦难，因为多数人的利益和欲望才是历史的主人。

——史铁生《务虚笔记》

28
September
9月

29
September
9月

帝王将相、才子佳人的故事，诸位听得不少。那些情情义义，恩恩爱爱，卿卿我我，都瑰丽莫名。根本不是人间颜色。人间，只是抹去了脂粉的脸。

——李碧华《霸王别姬》

在一个人所必须面对的全部艰辛之中，没有什么比单纯的等待更加痛苦的了。

——［美］卡勒德·胡塞尼

《灿烂千阳》

30

September

9月

October **10**月

乾坤终如是

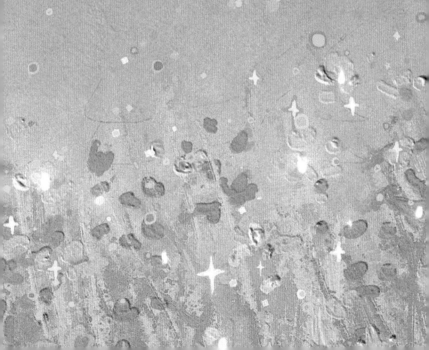

1

October

10月

有一个传说，说的是有那么一只鸟儿，它一生只唱一次，那歌声比世上所有一切生灵的歌声都更加优美动听。

——[澳] 考琳·麦卡洛《荆棘鸟》

2

October

10月

凡是有甜美的鸟歌唱的地方，也都有毒蛇嘶嘶地叫。

——［英］托马斯·哈代

《德伯家的苔丝》

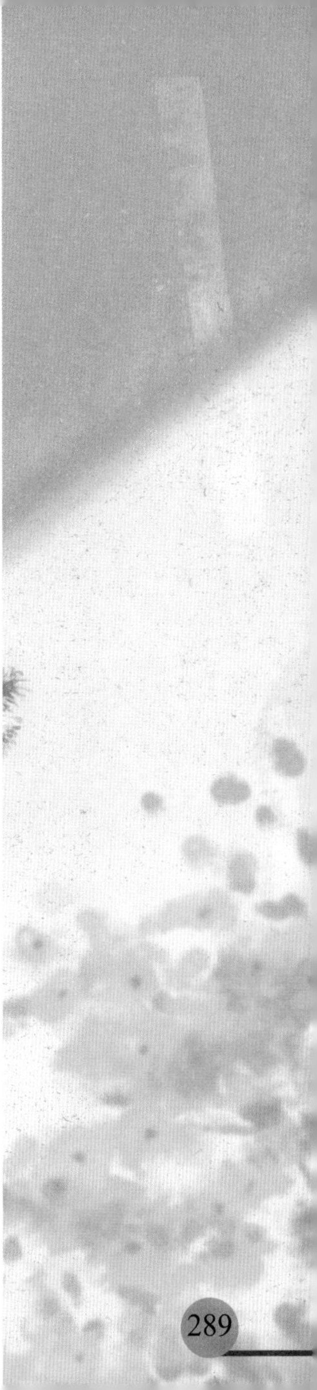

3

October
10月

　　世界上只有同类才能够做朋友，志不同道不合的人往往只能在某个猎奇的时间段里做一阵子开心的同伴。被时间的洪水淘过，最终仍然堆在一起的，一定是同样材质的小石头。

——八月长安《你好，旧时光》

October
10月

一个没有缺点的人是一座没有罅隙的山，他让我兴趣索然。

——[法]勒内·夏尔《愤怒与神秘》

武力是无能者最后的手段。
——［美］艾萨克·阿西莫夫
《银河帝国·基地》

5

October
10月

6

October
10月

大志戏功名，海斗量福祸。论到囊中羞涩时，怒指乾坤错。

——豆豆《遥远的救世主》

不妨说，说谎与沉默是现代人类社会中流行的两大罪过。我们实际上经常说谎，也往往沉默不语。

——［日］村上春树《且听风吟》

7

October

10月

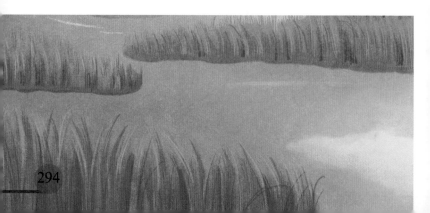

8

October
10月

任何幼小的生命，面临的最残酷的竞争都来自它的同类。

——［美］弗兰克·赫伯特《沙丘》

9

October
10月

在吵架的时候，先开口的未必占上风，后闭口才算胜利。

——钱钟书《围城》

葬礼不就是这样吗，完全是虚伪的。每个人都赞美亡者，说他们多么善良、多么慷慨，但在内心深处，他们知道这不是实话。

　　　　　——［英］安东尼·霍洛维茨《喜鹊谋杀案》

10

October

10月

我偏爱自由无拘的零，胜过排列在阿拉伯数字后面的零。

——［波］维斯瓦娃·辛波斯卡

《万物静默如谜》

11

October

10月

12
October
10月

我会把满树的鲜花看作树根的梦，把崎岖山路看作森林的阴谋。

——韩少功《马桥词典》

13

October

10 月

人可以不断犯错，但绝不能犯要命的错。

——［美］马里奥·普佐《教父》

14

October
10月

或许人就是这样，越害怕什么，
就越容易被什么吸引。

——[英]蕾秋·乔伊斯

《一个人的朝圣》

有人统计过，数千年中国古代历史，盛世和治世累积加在一起，不过四百年左右，剩下的都是充斥着灾荒、动乱和腐败的平世和衰世。

——张宏杰《饥饿的盛世：乾隆时代的得与失》

16
October
10月

这个社会什么都需要，唯独不需要敏感。要想在这个社会中生存，你必须让自己的神经系统变得像钢筋一样粗。

——格非《江南》

303

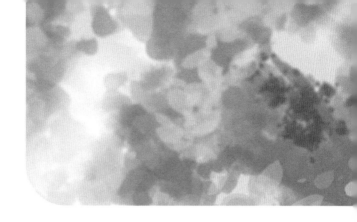

任何一个活着的人都比死去的人强。但是任何一个活着的人都不比另一个活着的人强多少。

——［美］威廉·福克纳

《喧哗与骚动》

17

October

10月

每个人最后都是独自面对剩下的寂寞和恐惧，无论在人群中还是在荒野上。那是他一个人的。就像一只虫、一棵草，在它浩荡的群落中孤单地面对自己的那份欢乐和痛苦。其他的虫、草不知道。

——刘亮程《一片叶子下生活》

18
October
10月

305

19

October
10月

善良人就算在迷惘里挣扎，也终会悟出一条正路。

——[德] 约翰·歌德

《浮士德》

20
October
10月

黑夜无论怎样悠长，白昼总会到来的。
　　　　——［英］威廉·莎士比亚《麦克白》

即便是心爱的东西，也不能跟它贴得太近了，彼此得留条缝隙，这样大家才会自在。

——叶广芩《花猫三丫上房了》

21

October

10月

22

October
10月

如果冬天来了，春天还会远吗？

——[英]珀西·比希·雪莱《西风颂》

对未来的真正慷慨，是把一切都献给现在。

——[法] 阿尔贝·加缪《反抗者》

23

October

10月

在我看来，有些人已经疯了，有些人正在一点点死掉。按照别人要求的那样思考，谈论所有当下流行的话题，很快便掌握了网上新造的词汇，卖弄自己并不牢固的幸福，自以为是地与人辩论，虚张声势的愤怒，发自内心的卑微，一边吵闹着这是一个多么荒谬的世界，一边为这个荒谬的世界添砖加瓦，让它变得一天比一天荒谬。

——双雪涛《聋哑时代》

24
October
10月

25

October

10月

　　尽最大的努力控制自我的欲望和憎恶。有些东西本来就在我们的能力之外，如疾病、死亡或不幸，如果你试图躲避，只会让你自己和周围的人遭遇不幸。

——[古罗马] 爱比克泰德《沉思录二》

人类的全部智慧就包含在这五个字里面：等待和希望！

——[法] 亚历山大·仲马（大仲马）

《基督山伯爵》

26

October

10月

没有比脚更长的路，没有比人更高的山。

——汪国真《山高路远》

27

October

10月

28
October
10月

不能听命于自己者，就要受命于他人。

　　　　——[德]弗里德里希·威廉·尼采

　　　　　《查拉图斯特拉如是说》

拥有神的能力，但是不负责任、贪得无厌，而且连想要什么都不知道。天下危险，恐怕莫此为甚。

——［以色列］尤瓦尔·赫拉利

《人类简史》

过于功利的人生就像把无柄的刀子，也许很有用，可是太不可爱了。在我们的生命中，是需要一些纯粹的本质的体验、最初的体验的。

——都梁《血色浪漫》

31

October

10月

没有路的时候，我们会迷路；路多了的时候，我们也会迷路，因为我们不知道该到哪里去。

——迟子建《额尔古纳河右岸》

November **11**月

不过一念间

沉湎于虚幻的梦想，而忘记现实的生活，这是毫无益处的，千万记住。

——［英］J.K. 罗琳《哈利·波特与魔法石》

1
November
11月

2
November
11月

只要是一棵树，就有参天的可能，而杂草永远只能铺在地上。

——余华《兄弟》

3

November
11月

弱小和无知不是生存的障碍，傲慢才是。

——刘慈欣《三体》

4

November
11月

恰恰是流离失所的人才能够获得一种新含义的自由，只有与一切失去联系的人才会无所顾忌。

——［奥］斯蒂芬·茨威格
《昨日的世界》

5
November
11月

日日重复同样的事，遵循着与昨日相同的惯例，若能避开猛烈的狂喜，自然也不会有悲痛的来袭。

——[日]太宰治《人间失格》

November

11月

在最得意的时候想想曾经有过的不得意，在最不得意的时候想想曾经有过的得意，心态就永远不会失衡。

——徐贵祥《历史的天空》

7

November
11月

一件事如果你做得太棒了，然后一来二去，不注意的话，你就会开始有点儿炫技，这样一来，你就没那么棒了。

——［美］杰罗姆·大卫·塞林格

《麦田里的守望者》

与其被人在表面上恭维而背地里鄙弃，那么还是像这样自己知道为举世所不容的好。

——［英］威廉·莎士比亚《李尔王》

最深刻的道理从来就改变不了最简单的事实，到今天更是如此。

——阎真《沧浪之水》

10
November
11月

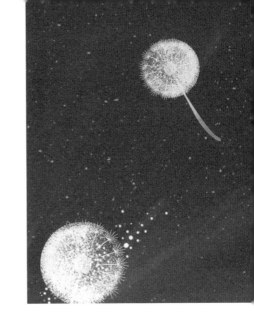

　　一切都预先被谅解了，一切也就被卑鄙地许可了。

——[捷]米兰·昆德拉《不能承受的生命之轻》

11
November
11月

无论在什么地方都要记住，过去都是假的，回忆没有归路，春天总是一去不返，最疯狂执着的爱情也终究是过眼云烟。

——[哥]加夫列尔·加西亚·马尔克斯《百年孤独》

无聊的下一步就意味着堕落。

——王朔《顽主》

12
November
11月

13

November

11月

学习是件很奇怪的事，走得越远，越知道自己连知识存在何处都不清楚。不久之前，我还愚蠢地以为我可以学会一切事情，掌握世上所有知识。如今，我只希望我能知道知识的存在，了解其中的沧海一粟。

——［美］丹尼尔·凯斯

《献给阿尔吉侬的花束》

14

November

11月

从业七十载，接生万余人，意外并不稀奇。我并不怕，接生是我的职业也是我的生命，难道我会惧怕自己的生命？令我发怵的是隐藏在人生旅途中的不测和凶险，难以躲避难以逃离。

——胡学文《有生》

我无权论断他人的生活！唯独对自己的生活必须做出判断。我必须选择，必须舍弃。

　　　　　　　　——[德]赫尔曼·黑塞《悉达多》

15
November
11月

16
November
11 月

思想麻醉人的力量远不如言语那么强。一个人话说多了，会对自己的话信以为真。

——[法]奥诺雷·德·巴尔扎克《幻灭》

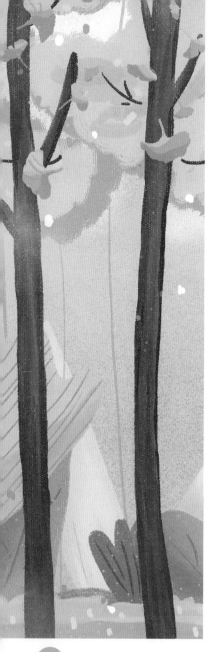

17
November
11 月

盲目可以增加你的勇气，因为你无法看到危险。

——［爱尔兰］乔纳森·斯威夫特《格列佛游记》

18

November

11月

为金钱而工作的，怕遇到更多的金钱；忠诚不立在金钱上。

——老舍《骆驼祥子》

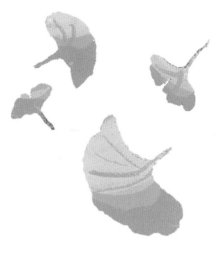

19
November
11月

人只不过是一根芦苇，是自然界最脆弱的东西，但它是一根能思想的芦苇。

——［法］布莱士·帕斯卡《思想录》

或许，无法预知未来，对自己而言反而是件好事。

——［英］阿加莎·克里斯蒂《无人生还》

20
November
11月

我这才明白，我从朱真正见过火，也朱见过毁灭，更不知新生。

——阿城《棋王》

21

November

11月

22
November
11月

　　物品不会说话，但也能比任何话语更雄辩滔滔。物品可以诉说真实，也能用来撒谎。

　　　　　　——［日］清水洁《桶川跟踪狂杀人事件》

23
November
11月

　　一个人应该利用情绪，而不要被它们严重影响。因此一个人应该尽量利用快乐的时候做那些需要快乐情绪的事情，在冷静清醒的时候做自己想做的工作，而情绪低落的时候就体会痛苦。

　　　　　——［美］凯·伯德，［美］马丁·J.舍温

　　　　　　　　　　　《奥本海默传》

24

November
11月

自由自在的生活，在我的解释里，就是精神的文明。

——三毛《撒哈拉的故事》

25

November

11月

大羹必有淡味，至宝必有瑕疵，大简必有不至，良工必有不巧。

——叶广芩《采桑子》

26
November
11月

　　虚荣和骄傲是大不相同的两码事——尽管这两个词总是被混为一谈。一个人可以骄傲但不可以虚荣。骄傲多数情况下无非是我们对自己的看法，但虚荣却指的是我们过于看重其他人对我们的评价。

　　　　　　　　——［英］简·奥斯汀《傲慢与偏见》

27

November
11月

在大多数情况下，人们，甚至恶人，
要比我们想象中的他们幼稚得多、天
真得多。其实我们自己也一样。

——［俄］费奥多尔·陀思妥耶夫斯基
《卡拉马佐夫兄弟》

28
November
11月

人要一赌上气，就忘记了事情的初衷；
只想能气着别人，忘记也耽误了自己。

——刘震云《一句顶一万句》

我已经习惯于讨得所有人的喜欢，别人对我的喜欢，对我来说是一层亮闪闪的盔甲。

——[意] 埃莱娜·费兰特《那不勒斯四部曲》

29
November
11月

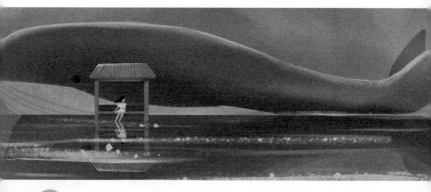

30
November
11月

力量存在于人心，人相信什么是力量，什么就是力量，不多也不少。

——[英]乔治·马丁《冰与火之歌》

December **12** 月

真情藏不住

1

December
12月

就算失败，我也想知道，自己倒在距离终点多远的地方。

——马伯庸《长安的荔枝》

世上有许多事，尽管看得清清楚楚，却不能说出口来。有的事看见了认准了，必须说出来；有的事至死也不能说。

——陈忠实《白鹿原》

2

December
12月

3

December

12月

人是为了活着本身而活着的，而不是为了活着之外的任何事物活着。

——余华《活着》

4

December

12月

肉眼看到的东西有时会忘却，心灵看到的东西是永远记在心里的。

——[法]亚历山大·仲马（大仲马）《基督山伯爵》

她从来都不理解她爱过的两个男人，所以她失去了他们。现在，她依稀觉得，如果她过去了解希礼，她决不会爱上他；而如果她过去了解瑞德，她决不会失去他。

——[美]玛格丽特·米切尔《飘》

6

December
12月

这个人也许永远不回来了，也许"明天"回来！

——沈从文《边城》

7

December
12月

我不怕黑。可我怕躲在黑暗中的人。

——[英]尼尔·盖曼《美国众神》

忧愁和快乐在人们的心里往往是并存的，几乎分割不开，它们常常不能捉摸和不可思议地在心灵里迅速相互交替着。

——［俄］马克西姆·高尔基《童年》

8

December

12月

9

December

12月

汝辈非糖人，何怕日；非纸人，何怕风；非泥人，何怕雨。怕远怕那，何时能立？

——钱穆《八十忆双亲·师友杂忆》

10
December
12月

真正不羁的灵魂不会真的去计较什么，因为他们的内心深处有国王般的骄傲。

——［美］杰克·凯鲁亚克《在路上》

掬起的水终会从指间流掉，看似你的掌中什么都没有，可你不能因为结果就否认了过程，刚才你手里确确实实地掬着一捧水。

——桐华《长相思》

12

December

12月

地球，一个昏暗无望的地方，不知有多么古老。那里曾是个美丽的地方，群山云烟氤氲，江河波光潋滟，旭日耀眼灿烂。

——［美］杰克·万斯《濒死的地球》

13

December
12月

你最初爱的那个人并不是你最终爱的那个人，爱不是最终目标而是一个过程，借助这个过程，一个人想去了解另一个人。

——［美］约翰·威廉斯《斯通纳》

14

December

12月

所谓天涯之遥，也无非是把一只脚不断地去放在另一只脚的前面而已。

——张晓风《敬畏生命》

15

December

12月

当你踩到香蕉皮时，别人会笑你；当你告诉别人你踩到香蕉皮时，笑的人是你。因此，你变成了主人公，而不是笑话里的受害者。

——［美］诺拉·艾芙隆《我的脖子让我很不爽》

16

December

12月

她那时候还太年轻，不知道所有命运馈赠的礼物，早已在暗中标好了价格。

——[奥]斯蒂芬·茨威格《断头王后》

17

December

12月

哭泣是因为希望尚存，绝望反而让她平静。

——余华《文城》

18

December

12月

能帮你的人是你自己，也只有你自己。有许多问题需要你向自己发问。比如你能停止自我批判吗？你能对自己好一些吗？也许最重要的问题是，你能开始爱自己吗？

——［英］罗伯特·戴博德

《蛤蟆先生去看心理医生》

未来是由我们今日不知也不可预见的事物所决定的。

——[波]斯坦尼斯瓦夫·莱姆《其主之声》

19

December

12月

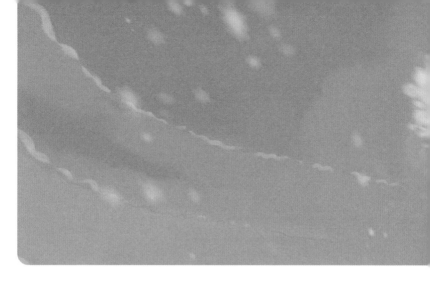

20

December

12月

假如有一天你登基为王，有一天你拥有满宫佳丽和万千钱财，必然也会有那么一天，你发现自己空空荡荡，像一片树叶在风中飘荡。

——苏童《我的帝王生涯》

我第一次明白，我并非身处人类历史之外，而是在历史之中，和其他人别无二致。

——［德］娜塔莎·沃丁《她来自马里乌波尔》

22

December
12月

虚无是永恒的另一个名字：虚无比存在更多。虚无永远在此处潜伏着。存在必让自身呈现。

——［古］吉列尔莫·卡夫雷拉·因凡特

《三只忧伤的老虎》

人生真正的履历，其实就是一生所承受痛苦的集合。如果临终前要直面真正的自我，回顾这一生做过哪些有意义的事，那么你能想起来的一定都是你所做出的牺牲和迎接过的挑战。

——［美］埃里克·乔根森《纳瓦尔宝典》

23
December
12月

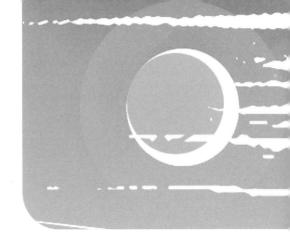

24

December
12月

哪里会有人喜欢孤独，不过是不喜欢失望。

——［日］村上春树《挪威的森林》

我的不幸，在于还太像人。我倒情愿完完全全是一头牲畜，跟这只山羊一样。

——[法]维克多·雨果《巴黎圣母院》

26

December
12月

人的一生，总要不断了断一些人、一些事。

——阿来《尘埃落定》

我告诉自己，成熟意味着镇静自若地接受生活的波折，要在实际生活和理论之间划出一道界限。

——［意］埃莱娜·费兰特

《那不勒斯四部曲》

28

December

12月

将来的事且等将来吧。目前所能做的，只是培养他们基本的力量——胸襟与眼光。

——朱自清《朱自清散文·儿女》

29

December

12月

笑声就是光，光就是笑声，这就是整个宇宙的秘密。

——［美］唐娜·塔特《金翅雀》

30

December

12月

我们对于未必会发生的危险，总是过于提心吊胆，白白地担了一辈子的心。

——格非《江南三部曲》

31

December

12月

你们越早知道要让生活有趣就
必须靠自己这个道理，就会过
得越好。

——［美］玛利亚·森普尔
《伯纳黛特，你要去哪》